PADRONI L'ARTE DI PREPARARE LE POLPETTE

50 RICETTE DI ACQUA IN BOCCA

HECTOR MORGAN

forma senza l'autorizzazione scritta espressa e firmata dell'autore.

SOMMARIO

INTRODUZIONE

Una polpetta è un alimento che si definisce: è letteralmente una palla di carne. Ma prima di iniziare a raccogliere ciuffi di carne macinata in una padella e chiamare la tua triste cena "polpette", facciamo un passo indietro.

Impara come preparare tu stesso le polpette a casa e cuocile in modo che siano perfettamente dorate all'esterno ma comunque succose al centro. Ecco alcuni trucchi e suggerimenti per polpette perfette:

La carne macinata

Puoi usare qualsiasi carne macinata o un mix di carne macinata che preferisci. Il preferito dai fan è una miscela di carne macinata di manzo e maiale. Anche l'agnello macinato, il tacchino, il pollo, il vitello o il bufalo sono selvaggina leale.

Breadcrumb & Milk Binder

Un trucco per assicurarti che le polpette siano completamente tenere una volta cotte è usare un legante. Questo legante aiuta ad aggiungere umidità alle polpette e impedisce anche alle proteine   della carne di restringersi e diventare dure.

Evita di lavorare troppo la carne

Un altro trucco per tenere le polpette è non sovraccaricare la carne: mescola la carne con il legante e altri ingredienti fino a quando non sono combinati.

Arrostire vs sobbollire le polpette

Hai due opzioni: arrostirle o cuocerle a fuoco lento in una salsa. La cottura arrosto è l'opzione migliore se hai intenzione di servire le polpette in qualcosa di diverso da una salsa o se hai intenzione di congelare le polpette per dopo. La tostatura conferisce alle polpette anche un po 'più di sapore poiché l'esterno brucia al calore del forno.

Se hai intenzione di servire le polpette con una salsa, puoi anche cuocere le polpette insieme alla salsa. Non solo questo dolce sobbollire rende alcune delle polpette più tenere e saporite che tu abbia mai mangiato, ma la salsa diventa anche più ricca e saporita nel processo.

POLPETTE SANDWICH E BURGER

1. Panini caldi con polpette

Ingrediente

- 26 once di salsa per spaghetti; diviso

- ½ tazza di pangrattato fresco

- 1 cipolla piccola; tritato

- ¼ di tazza di parmigiano grattugiato o formaggio romano

- 1 Uovo

- 1 cucchiaino di fiocchi di prezzemolo essiccato

- 1 cucchiaino di aglio in polvere

- 1 libbra   carne di manzo macinata

- 4 Panini italiani

a) Preriscalda il forno a 350F. In una ciotola grande, unire ⅓ tazza di salsa per spaghetti, il pangrattato, la cipolla, il formaggio, l'uovo, il prezzemolo e l'aglio in polvere; mescolare bene. Aggiungere la carne macinata al composto; mescolare bene. Formare circa sedici polpette da 2 pollici e disporre in una teglia da forno 9 "x 13".

b) Infornate per 20 minuti. Sfornare e scolare il liquido. Versare la salsa rimanente sulle polpette e rimettere in forno per altri 10-15 minuti o fino a quando sono calde e completamente cotte.

c) Servire sui panini.

2. Sottotitoli di polpette e melanzane

Ingrediente

- 1 libbra   Carne macinata magra

- 14 once di salsa per spaghetti condita al basilico; 1 barattolo

- 1 melanzana media

- 4 ½ cucchiaio   Olio d'oliva; Diviso

- 1 cipolla rossa media

- ¼ di libbra di funghi

- 4 pezzi   Panini o baguette francesi del panino del pane; 6-8 pollici di lunghezza

- 4 once   Provolone; 4 fette

a) Tagliate le melanzane a bistecche da $\frac{1}{2}$ pollice e mettetele su un piatto, cospargete di sale e lasciate scolare per 30 minuti.

b) Formare la carne macinata in dodici polpette del diametro di $1\frac{1}{2}$ pollice. Cuocetele in una pentola, a fuoco basso, ruotandole frequentemente per farle dorare in modo uniforme ed evitare che si attacchino. aggiungere la salsa per gli spaghetti. Lasciar cuocere a fuoco lento per assicurarti che le polpette siano ben cotte.

c) Scaldare 3 cucchiai di olio d'oliva e rosolare delicatamente le melanzane a fuoco medio.

d) Cospargere con sale e pepe a piacere.

e) Cuocere per 4 minuti e poi aggiungere i funghi.

f) Affettare le baguette nel senso della lunghezza e adagiare i pezzi di pane inferiori con uno strato sottile di bistecche di melanzane e poi coprire con 3 polpette.

g) Aggiungere una generosa quantità di sughi extra per gli spaghetti e distribuire abbondantemente le cipolle ei funghi sulle polpette.

3. Sostitutivi di polpette abbondanti

Ingrediente

- 6 Rotoli sottomarini (2 1/2 oz.), Non divisi

- 1 libbra   Tondo a terra

- 16 once di salsa di pomodoro senza sale, divisa

- $\frac{1}{4}$ di tazza di pangrattato condito

- $\frac{1}{4}$ di tazza di cipolla tritata

- $\frac{1}{4}$ di cucchiaino di sale

- 1 spicchio d'aglio, tritato

- Spray da cucina vegetale

- 2 cucchiaini di olio d'oliva

- 1½ tazza di peperone verde, tagliato a julienne da 1 1/2 "

- 1 tazza di cipolla a scaglie

- 2 cucchiai Pasta di pomodoro

- ½ cucchiaino Basilico intero essiccato

a) Coltello inclinato ad angolo, taglia un pezzo ovale 5x1½ "dalla parte superiore di ogni rotolo. Raccogli il rotolo, lasciando una cavità larga 1 ½". Mettere da parte i rotoli; riservare il pane rimanente per un altro uso.

b) Unire il tondo macinato, ¼ di tazza di salsa di pomodoro e i successivi 4 ingredienti in un'altra ciotola; mescolare bene,. Forma in 54 (1 pollice) polpette; mettere su una griglia ricoperta di spray da cucina. Mettere la griglia in una teglia. Infornare a 350 F. per 15 minuti o fino al termine.

c) Rivestire una padella antiaderente con uno spray da cucina; aggiungere l'olio. Mettere a fuoco medio fino a quando è caldo. Aggiungere il peperone e la cipolla; soffriggere 5 minuti. Aggiungere la salsa di pomodoro rimanente, il concentrato di pomodoro e il basilico; cuocere a fuoco lento, scoperto, 5 minuti. Aggiungere le polpette, mescolando delicatamente per ricoprire; cuocere 3 minuti o finché non si riscalda.

4. Polpette di hamburger con patate dolci

Ingrediente

- 2 tazze Prosciutto macinato; (circa 1/2 libbra)

- $\frac{1}{2}$ libbre Mandrino a terra

- 1 tazza Briciole di pane integrale

- 1   Uovo; picchiato

- $\frac{1}{4}$ di tazza Cipolla tritata

- 2 cucchiai Semi di girasole salati -OPPURE-

- $\frac{1}{2}$ cucchiaino sale

- 2 lattine (23 once ciascuna) di patate dolci; scolate e tagliate a cubetti

- $\frac{1}{2}$ tazza Sciroppo al mais nero

- $\frac{1}{2}$ tazza Succo di mela o succo d'ananas

- $\frac{1}{4}$ cucchiaino Noce moscata

- 1 cucchiaio Amido di mais

a) Mescolare bene la carne macinata, il pangrattato, l'uovo, la cipolla e i semi di girasole.

b) Formare da 12 a 16 polpette. Mettere su una griglia nella teglia. Cuocere le polpette in forno preriscaldato a 425 gradi per 15 minuti.

c) Metti le patate dolci in Crock-Pot. Unisci lo sciroppo di mais, il succo e la noce moscata e versa metà sugli ignami. Mettere le polpette rosolate sugli ignami e guarnire con la salsa rimanente. Coprire e cuocere a livello basso per 5 o 6 ore.

d) Trasferire le polpette nel piatto da portata; mettere gli ignami nella ciotola da portata e tenerli al caldo. Mescolare l'amido di mais nella salsa. Coprite e cuocete a fiamma alta finché non si saranno addensati; versare sopra le patate dolci prima delle porzioni.

5. Panini dell'eroe delle polpette

Ingrediente

- Olio vegetale antiaderente spray

- 1 ½ libbra Carne macinata magra

- ½ tazza Parmigiano grattugiato

- 2 grandi Uova

- ¼ di tazza Prezzemolo fresco tritato

- ¼ di tazza Fiocchi di mais schiacciati

- 3 grandi Spicchi d'aglio; tritato

- 2 cucchiaino e mezzo Origano secco

- $\frac{1}{2}$ cucchiaino Pepe bianco macinato

- $\frac{1}{2}$ cucchiaino sale

- 3 tazze Acquistato salsa marinara

- 6 Panini lunghi italiani o francesi; dividere nel senso della lunghezza, tostare

- 6 Porzioni

a) Un panino classico che soddisferà sicuramente, sia servito come pranzo del fine settimana che come semplice cena settimanale.

b) Unire la carne macinata, il parmigiano grattugiato, le uova, il prezzemolo fresco tritato, i fiocchi di mais tritati, l'aglio tritato, l'origano essiccato, il pepe bianco macinato e il sale in una ciotola grande e frullare accuratamente.

c) Usando le mani inumidite, modellare la miscela di carne in tondi da 1 $\frac{1}{2}$ pollice e disporla su un foglio preparato, distanziando uniformemente.

d) Cuocere le polpette fino a quando sono sode al tatto.

6. Sottotitoli "polpette" vegetariane

Ingrediente

- 1 tazza Granuli TVP

- 1 tazza Acqua bollente

- ½ tazza Briciole di pane

- ¼ di tazza Farina integrale

- ½ cucchiaino sale

- ¼ cucchiaino peperoncino di Cayenna

- 1 cucchiaino saggio

- ½ cucchiaino Finocchio

- 1 cucchiaino Origano

- ½ cucchiaino Polvere d'aglio

- ½ cucchiaino Timo

- 1 cucchiaino Olio d'oliva

- 4 Rotoli sottomarini (individuali)

- 1 tazza Salsa per spaghetti, riscaldata

- 2 mezzi Peperoni verdi, arrostiti e sli

a) Unisci TVP e acqua bollente e lascia riposare finché l'acqua non viene assorbita, circa 5 minuti. Aggiungere il pangrattato, la farina, il sale, il pepe di Caienna, la salvia, il finocchio, l'origano, l'aglio e il timo. Mescolare bene.

b) Formare la miscela TVP in 12 palline. Strofina l'olio d'oliva sui palmi e fai rotolare ogni pallina tra le mani per ricoprirle. Mettere su una teglia leggermente oliata e cuocere alla griglia fino a doratura, 10 minuti. Mettere tre palline in ogni rotolo e guarnire con salsa e peperoni.

7. Sottotitoli di polpette e melanzane

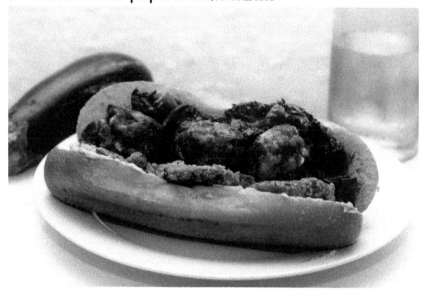

Ingrediente

- 1 libbra   Carne macinata magra

- 14 once Salsa per spaghetti al basilico; 1 barattolo

- 1 media Melanzana

- 4 ½ cucchiaio Olio d'oliva; Diviso

- 1 media Cipolla rossa

- ¼ libbre Funghi

- 4 pezzi   Panini Di Pane Francese Rotoli O Baguette;
  6-8 pollici di lunghezza

- 4 once   Provolone; 4 fette

a) Tagliate le melanzane a bistecche da $\frac{1}{2}$ pollice e mettetele su un piatto, cospargete di sale e lasciate scolare per 30 minuti.

b) Formare la carne macinata in dodici polpette del diametro di 1 $\frac{1}{2}$ pollice. Cuocetele in una pentola, a fuoco basso, ruotandole frequentemente per farle dorare in modo uniforme ed evitare che si attacchino.

c) Affettare la cipolla a rondelle sottili e tritare grossolanamente i funghi a pezzi irregolari e metterli da parte.

d) Risciacquare accuratamente le bistecche di melanzane e poi asciugarle tamponando. Scaldare 3 cucchiai di olio d'oliva e rosolare delicatamente le melanzane a fuoco medio,

e) Cospargere con sale e pepe a piacere. Togliete dal fuoco e lasciate scolare.

f) Cuocere per 4 minuti e poi aggiungere i funghi.

g) Affetta le baguette nel senso della lunghezza e separa le parti superiori da quelle inferiori. Adagiare i pezzi di pane sul fondo con uno strato sottile di bistecche di melanzane e poi coprire con 3 polpette.

8. Polpette di crauti

Ingrediente

- 1 media Cipolla tritata

- 2 cucchiai Burro

- 1 lattina Spam (suolo)

- 1 tazza Carne di manzo in scatola macinata

- $\frac{1}{4}$ cucchiaino Sale speziato all'aglio

- 1 cucchiaio Mostarda

- 3 cucchiai Prezzemolo tritato

- 2 tazze crauti

- ⅔ tazza Farina

- ½ tazza Brodo di manzo o cubetto da brodo, sciolto in 1/2 tazza d'acqua

- 2 Uova, ben sbattute

- ½ tazza Briciole di pane

- ⅛ cucchiaino Pepe

a) Soffriggere le cipolle nel burro, aggiungere lo spam, la carne in scatola. Cuocere 5 minuti e mescolare spesso. Aggiungere il sale all'aglio, la senape, il prezzemolo, il pepe, i crauti, ½ tazza di farina e il brodo di manzo. Mescolare bene. Cuocere per 10 minuti.

b) Stendere su un vassoio per raffreddare. Formare delle palline. Arrotolare la farina, passarla nelle uova e arrotolare le briciole. Friggere in grasso bollente a 375 gradi fino a doratura.

9. Sopa de albondigas (zuppa di polpette di carne)

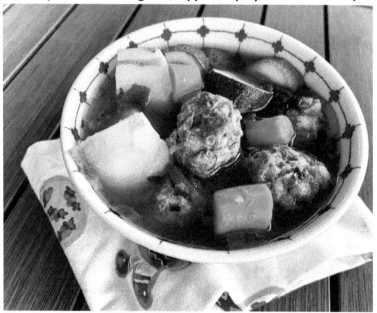

Ingrediente

- 1 Cipolla Tritata

- 1 Spicchio D'aglio Tritato

- 2 cucchiai Olio

- $\frac{3}{4}$ libbre Carne di manzo macinata

- $\frac{3}{4}$ libbre Carne di maiale macinata

- ⅓ tazza riso crudo

- 1 cucchiaino e mezzo sale

- 4 once   Salsa di pomodoro

- 3 quarti Brodo di carne

- $\frac{1}{4}$ cucchiaino Pepe

- 1   Uovo leggermente sbattuto

- 1 cucchiaio Foglie Di Menta Tritate

a) Far appassire la cipolla e l'aglio nell'olio; aggiungere la salsa di pomodoro e il brodo di manzo. Riscaldare fino al punto di ebollizione. Mescolare la carne con riso, uovo, menta, sale e pepe; formare delle palline.

b) Mettili nel brodo bollente. Coprite bene e fate cuocere 30 minuti. Si congela bene.

10. Zuppa di polpette di tortilla messicana

Ingrediente

- 1 $\frac{1}{2}$ libbra Carne macinata magra

- Veges

a) Unisci la carne macinata con il coriandolo, l'aglio, il succo di lime, il cumino, la salsa piccante, sale e pepe. Formare palline da 1 oncia.

b) Cuocere fino a doratura su tutti i lati, circa 5 minuti.

c) Zuppa: in una pentola capiente, scalda 2 cucchiai di olio vegetale. Aggiungere le cipolle e l'aglio.

d) Aggiungere i peperoncini e cuocere 2 minuti. Aggiungere i pomodori e il loro succo, il brodo di pollo, il peperoncino in polvere, il cumino e la salsa piccante. Fai sobbollire per 15-20 minuti.

e) In una piccola ciotola, unire la farina e il brodo di pollo. Sbatti nella zuppa. Riporta a ebollizione. Ridurre la fiamma e cuocere a fuoco lento per 5 minuti. Aggiungere le polpette e cuocere a fuoco lento per altri 5 minuti.

11. Zuppa di polpette di limone

Ingrediente

- 1 libbra di carne macinata
- 6 cucchiai di riso
- 1 cucchiaino di paprika
- 1 cucchiaino Salato essiccato
- Sale pepe
- Farina
- 6 tazze   acqua
- 2 cubetti di brodo di manzo

- ½ mazzo di cipolle verdi; affettato
- 1 peperone verde; tritato
- 2 carote; pelati, tagliati a fettine sottili
- 3 pomodori; pelati e tritati
- 1 Sm. peperoncini gialli, spaccati
- ½ mazzetto di prezzemolo; tritato
- 1 uovo
- 1 limone (solo succo)

a) Unisci carne di manzo, riso, paprika e santoreggia. Aggiustare di sale e pepe. Mescolare leggermente ma accuratamente. Formare delle palline da 1 pollice, quindi rotolare nella farina.

b) Unire l'acqua, i cubetti di brodo, 1 cucchiaio di sale, 1 cucchiaino di pepe, le cipolle verdi, il peperone verde, le carote ei pomodori in una pentola grande. Coprire, portare a ebollizione, abbassare la fiamma e cuocere a fuoco lento per 30 minuti.

c) Aggiungere le polpette, coprire e riportare a bollore. Ridurre la fiamma e cuocere a fuoco lento per 20 minuti. Aggiungere i peperoncini e cuocere a fuoco lento, coperto, per 40 minuti o fino a quando il riso è cotto. Aggiungere il prezzemolo negli ultimi 5 minuti di cottura.

12. Zuppa di polpette di carne

Ingrediente

- 2 libbre   Manzo magro macinato

- 2 cucchiai di latte

- Spezie

a) Per fare le polpette unire tutti gli ingredienti tranne l'olio; mescolare accuratamente. Formare delle palline della grandezza di una noce (40-50 palline). Scaldate leggermente l'olio e fate rosolare le palline.

b) Zuppa: In un bollitore da 8-10 litri portare tutti gli ingredienti tranne il Mexicorn a ebollizione. Abbassare la fiamma e cuocere a fuoco lento per 30 minuti, aggiungendo Mexicorn per gli ultimi 10 minuti. Aggiungere le polpette di carne rosolate. Rende 6-7 quarti.

13. Zuppa di polpette allo zenzero e crescione

Ingrediente

- 1 lattina (8 once) di castagne d'acqua

- 1 libbra   Maiale magro finemente macinato

- 4 ½ cucchiaino di zenzero fresco sbucciato e tritato

- 1   Pepe bianco macinato, quanto basta

- 1 cucchiaino e mezzo di salsa di soia

- 2 cucchiaini di amido di mais

- Sale qb

- 5 tazze di brodo vegetale

- 5 tazze di brodo di pollo

- 1 sale

- 1 Pepe nero appena macinato

- 2 Mazzetti di crescione, tritati

- 3 Cipolla verde, tritata finemente

a) Polpette: Tritate finemente 12 castagne d'acqua. Riservare i restanti per guarnire. Unire il maiale, lo zenzero, le castagne d'acqua tritate, la salsa di soia, la maizena, il sale e il pepe. Mescolare bene e formare delle palline di $\frac{3}{4}$ di pollice di diametro.

b) Zuppa: portare a ebollizione il brodo vegetale e il brodo di pollo in una pentola capiente. Mettere un quarto delle polpette nel brodo e cuocere a fuoco lento finché non raggiungono la superficie.

c) Condire con sale e pepe nero a piacere. Accendi la fiamma a una temperatura medio-bassa. Aggiungere il crescione e le cipolle verdi.

d) Cuocere, scoperto, per qualche minuto fino a quando il crescione è leggermente appassito.

14. Stufato di polpette di carne italiana

Ingrediente

- 1 ½ libbra di carne macinata magra

- ½ tazza di pangrattato fine

- 2 Uova sbattute

- ¼ di tazza di latte

- 2 cucchiai di parmigiano grattugiato

- 1 cucchiaino di sale / pepe

- $\frac{1}{8}$ cucchiaino di sale all'aglio

- 2 Carote sbucciate e tagliate

- 6 once   Pasta di pomodoro

- 1 tazza di brodo di manzo

- $\frac{1}{2}$ cucchiaino di origano

- 1 cucchiaino di sale condito

- $\frac{1}{2}$ cucchiaino di basilico

- 10 once Frozen all'italiana

   α) Verdure parzialmente scongelate

   β) Unisci la carne di manzo con pangrattato, uova, latte, formaggio, sale, sale all'aglio e pepe. Formare delle palline da 2 pollici. Metti le carote sul fondo della pentola a cottura lenta.

   χ) Disporre le polpette sulle carote. Unisci il concentrato di pomodoro con acqua, boullion, origano, sale condito e basilico. Versare sulla carne. Coprire e cuocere a fuoco basso per 4-6 ore.

   δ) Coprire e cuocere a fuoco alto per 15-20 minuti o fino a quando le verdure sono tenere.

15. Zuppa di polpette di cervo

Ingrediente

- ½ libbre   Cervo magro o agnello,

- Terra due volte

- ½ tazza di riso cotto, grano macinato

- O bulghour

- ¼ di tazza   Cipolla tritata finemente

- ¼ di tazza   Prezzemolo tritato finemente

- 2 lattine Brodo di pollo condensato

- (10-1 / 2 once ciascuno)

- 2 lattine acqua

- ⅓ tazza Succo di limone

- 2 Uova

- Sale pepe

a) Combina i primi quattro ingredienti. Forma delle palline da ¾ di pollice. Riscaldare il brodo e l'acqua fino al punto di ebollizione. Aggiungi le polpette; cuocere a fuoco lento da 15 a 20 minuti. In una zuppiera, sbattere il succo di limone e le uova fino a che liscio.

b) Sbattere gradualmente in brodo caldo. Aggiungere le polpette per ultime. Condire a piacere con sale, pepe.

16. Zuppa di polpette bulgara

Ingrediente

- 1 libbra   carne di manzo macinata

- 6 cucchiai di riso

- 1 cucchiaino di paprika

- 1 cucchiaino Salato essiccato

- Sale pepe

- 2 Cubetti di brodo di manzo

- ½ Mazzo di cipolle verdi; affettato

- 1 Peperone verde; tritato

- 2 Carote; pelate, tagliate a fettine sottili

- 3 Pomodori; pelati e tritati

- 1 Sm. peperoncini gialli, spaccati

- ½ Mazzetto di prezzemolo; tritato

- 1 Uovo

- 1 Limone (solo succo)

a) Unisci carne di manzo, riso, paprika e santoreggia. Aggiustare di sale e pepe.

b) Formare delle palline da 1 pollice, quindi rotolare nella farina.

c) Unire l'acqua, i cubetti di brodo, 1 cucchiaio di sale, 1 cucchiaino di pepe, le cipolle verdi, il peperone verde, le carote ei pomodori in una pentola grande.

d) Coprire, portare a ebollizione, abbassare la fiamma e cuocere a fuoco lento per 30 minuti. Aggiungere le polpette, coprire e riportare a bollore. Mescolare 1-2 cucchiai di zuppa calda nella miscela di uova, quindi incorporare la miscela di uova nella zuppa.

e) Riscaldare e mescolare fino a quando la zuppa non si sarà leggermente addensata, ma non far bollire.

17. Zuppa di scarole con polpette

Ingrediente

Polpette-

- $\frac{1}{4}$ libbre   carne di manzo macinata

- 1 cucchiaio di parmigiano grattugiato

- $\frac{1}{2}$ fetta di pane bianco, ammollato nel latte

- 1   Tuorlo d'uovo

- $\frac{1}{4}$ di cucchiaino di sale

- $\frac{1}{8}$ cucchiaino di pepe bianco

- 1 cucchiaino Tritato fresco italiano

- Prezzemolo

La minestra:

- 4 tazze di brodo di pollo

- 1   Testa scarola, lavata e

- Tagliare in pezzi da 1/2 pollice

- 1 piccolo Cipolla tritata

- $\frac{3}{4}$ tazza Pastina

- 2   Uova

- 2 cucchiai di parmigiano grattugiato

a) Mescola tutti gli ingredienti in una ciotola. Prendi un cucchiaio alla volta e forma delle palline di circa 1 pollice di diametro.

b) Porta a ebollizione il brodo di pollo. Aggiungere la scarola, la cipolla e le polpette e cuocere per 3 minuti. Aggiungete la pastina.

c) Nella ciotola, sbatti insieme le uova, il sale e il formaggio. Abbassa il fuoco sulla zuppa e aggiungi velocemente il composto di uova.

INSALATA DI POLPETTE

18. Polpette danesi con insalata di cetrioli

Ingrediente

- 1 ½ libbra di carne macinata di vitello e maiale

- 1   Cipolla

- 2 cucchiaiFarina

- 2 cucchiaiBriciole di pane; asciutto

- 2   Uova

- Sale pepe

Per insalata di cetrioli

- 1   Cetriolo

- 2 tazze di aceto

- 2 tazze di zucchero

- 2 tazze d'acqua

- Sale pepe

a) Mettere la carne di vitello macinata e il maiale in una ciotola, aggiungere l'uovo, la farina e il pangrattato secco.

b) Mescolare insieme e mescolare la cipolla tritata fine. Aggiungere sale e pepe a piacere. Metti il burro su una padella calda.

c) Friggere le polpette. Servire con pane e burro marrone danese e insalata di cetrioli.

19. Insalata di polpette orientali

Ingrediente

- ½ tazza di latte

- 2 Uova

- 3 tazze di pangrattato morbido

- 1 cucchiaino di sale di cipolla

- 1 libbra   carne di manzo macinata

- 2 cucchiaini di olio di arachidi

- 8¼ oncia Pezzi di ananas

- 2 Peperoni verdi, 2 carote 2 gambi di sedano

- $\frac{1}{2}$ tazza di zucchero di canna, confezionato

- 2 cucchiai di amido di mais

- $\frac{1}{2}$ tazza di vino bianco secco, $\frac{1}{2}$ tazza di aceto

- 2 cucchiai di salsa di soia

- 2 pomodori, lattuga a spicchi e sminuzzata

a) Unire le uova e il latte, incorporare il pangrattato, il sale di cipolla e $\frac{1}{8}$ cucchiaino di pepe. Aggiungere la carne macinata e mescolare bene. Formare il composto in polpette. Cuoci le polpette.

b) Unire pezzi di ananas, peperone verde, carota, sedano e polpette; mettere da parte.

c) In una piccola casseruola unire lo zucchero di canna e la maizena; mescolare $\frac{3}{4}$ tazza di ananas liquido, vino, aceto e salsa di soia. Cuocere e mescolare fino a quando si sarà addensato e frizzante. Versare la miscela calda sulla miscela di polpette.

20. Polpette di chili tex-mex

Ingrediente

- 3 cucchiai di olio vegetale

- 1 cipolla piccola, a dadini, circa 1/2 tazza

- 1 libbra   Carne macinata magra

- 1 uovo grande

- 1 tazza di pangrattato fresco

- ⅓ tazza Shredded Monterey Jack

- 1 peperone rosso e 1 peperone verde

- ⅓ tazza di formaggio cheddar

- $\frac{3}{4}$ cucchiaino di sale

- 6 tortillas di mais

- 1 salsa piccante al pomodoro

- 1 media   Cipolla a cubetti

- 1 spicchio d'aglio grande, schiacciato

- 2 grandi   Pomodori maturi, tagliati a cubetti

- $\frac{1}{2}$ cucchiaino di salsa piccante al peperoncino

a) In una padella da 12 pollici, a fuoco medio-alto, scaldare 1 cucchiaio di olio vegetale; aggiungere la cipolla e il peperoncino in polvere.

b) Togliere in una ciotola grande, aggiungere la carne di manzo, l'uovo, i peperoncini, il pangrattato, 1 cucchiaio. di ciascuno di formaggi e sale. Formare la miscela in palline da $1\frac{1}{4}$ ".

c) In una padella a fuoco medio-alto, cuocere fino a quando non saranno ben dorati su tutti i lati e ben cotti.

d) Nel frattempo, disponi le tortilla chips in un unico strato su una teglia di gelatina; inforna per 10 minuti fino a quando non saranno croccanti e dorate.

e) Prepara la salsa piccante al pomodoro.

21. Polpette di insalata di pollo

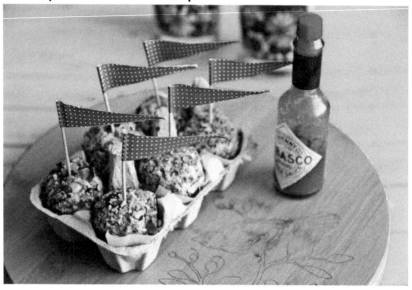

Ingrediente

- 1 tazza di pollo tritato

- 1 cucchiaio di cipolla tritata

- 2 cucchiai di peperoni; tritato

- ½ tazza di maionese

- 1 tazza di noci pecan tritate

a) Mescola tutto e mescola bene. Raffredda 4 ore.

b) Forma una palla da 1 pollice.

POLPETTE CONFEZIONATE E FARCITE

22. Polpette avvolte nel bacon

Ingrediente

- ½ libbre   carne di manzo macinata

- ¼ di tazza   Acqua fredda

- 2 cucchiaini   Cipolle tritate

- ½ cucchiaino   sale

- ¼ cucchiaino   Pepe condito

- 4 fette   Bacon; tagliato a metà trasversalmente

a) Unisci i primi 5 ingredienti, mescolando bene;
   formare 8 polpette. Arrotolare i pezzi di pancetta
   attorno alle polpette e fissarli con degli
   stuzzicadenti.

b) rosolare a fuoco medio fino a quando la pancetta è
   croccante e dorata; scolare il grasso. Se le polpette
   non sono pronte, coprire e cuocere a fuoco lento
   per altri 5-7 minuti.

23. Tacchino e polpette di ripieno

Ingrediente

- ½ tazza   Latte

- 1   Uovo

- 1 tazza   Preparato per ripieno di pane di mais

- ¼ di tazza   Sedano tritato finemente

- 1 cucchiaino   Senape in polvere

- 1 libbra   Tacchino ruspante

- 1   16 once di salsa di mirtilli in gelatina

- 1 cucchiaio   zucchero di canna

- 1 cucchiaio   salsa Worcestershire

a) Scaldare il forno a 375 gradi F. In una ciotola grande, unire il latte e l'uovo; battere bene.

b) Mescolare il ripieno, il sedano e la senape; mescolare bene. Aggiungi il tacchino; mescolare bene.

c) Formare 48 palline (1 pollice). Mettere in una teglia da forno non ingrassata da 15x10x1 pollici.

d) Infornare a 375 gradi per 20-25 minuti o fino a quando le polpette saranno dorate e non saranno più rosa al centro.

e) Nel frattempo, in una grande casseruola unire tutti gli ingredienti della salsa; mescolare bene. Portare a ebollizione a fuoco medio. Riduci il calore al minimo; cuocere a fuoco lento 5 minuti, mescolando di tanto in tanto. Aggiungere le polpette alla salsa; mescolare delicatamente per ricoprire.

24. Polpette ripiene di formaggio

Ingrediente

- 1 cucchiaio   Olio d'oliva

- 2 cucchiaiCipolla a cubetti

- 8 once   Carne macinata magra o tacchino

- 1 cucchiaio   Salsa di soia

- $\frac{1}{4}$ cucchiaino   Salvia secca

- 4 once   Formaggio cheddar o svizzero; tagliato in 8 cubetti

a) Preriscalda il forno a 325F.

b) Ungere una teglia da forno poco profonda con un po 'di olio d'oliva o uno spray per padella.

c) Riscaldare l'olio in una padella a fuoco moderato fino a quando è caldo ma non fumare. Aggiungere la cipolla e rosolare fino a doratura, circa 10 minuti.

d) Unisci la cipolla, il manzo, la salsa di soia e la salvia. Dividi il composto in otto porzioni. Prendete un pezzo di formaggio e coprite con una porzione del composto fino a formare una polpetta. Ripeti per formare un totale di otto polpette.

e) Mettere le polpette nella padella unta d'olio e infornare per 30 minuti.

25. Polpette ripiene di olive

Ingrediente

- 1 cucchiaio di burro

- 1 tazza di cipolla, tritata

- 2 piccoli   Spicchi d'aglio, tritati

- $1\frac{1}{4}$ libbre Carne macinata

- $\frac{1}{2}$ tazza di pangrattato morbido

- $\frac{1}{2}$ tazza di prezzemolo tritato finemente

- 1 uovo grande e 1 tazza di panna

- 16 piccoli Olive verdi farcite

- $\frac{1}{4}$ di tazza di olio di arachidi

- 3 cucchiai di farina

- $\frac{1}{2}$ tazza di vino bianco secco e 1 $\frac{1}{2}$ tazza di brodo di pollo

- 1 cucchiaio di concentrato di pomodoro

- 1 cucchiaio di senape di Digione

a) Cuoci cipolla e aglio. Mettere la carne in una terrina e aggiungere la cipolla e l'aglio cotti, il pangrattato, il prezzemolo, l'uovo, metà della panna e la noce moscata. Mescolare bene. Dividi in 16 porzioni uguali.

b) Preparare le palline sigillando le olive.

c) Cuocere, girando spesso in modo che si abbrustoliscano in modo uniforme, per circa 5-10 min.

d) Incorporate la farina e poi aggiungete il vino. Cuocere per circa 1 minuto, mescolando. Aggiungi le polpette.

e) Mescolare la panna rimanente e la senape nella salsa.

26. Polpette ripiene alla mediterranea

Ingrediente

- 1 melanzana grande, sbucciata e tagliata a cubetti

- 4 Pomodori, pelati e tritati

- 4 cucchiai di prezzemolo fresco

- Sale e pepe

- Aglio, cipolle e peperoni

- Timo e noce moscata

- $\frac{1}{2}$ tazza di brodo di pollo

- 1 $\frac{1}{2}$ libbra di carne macinata

- 2 fette di pane
- ⅓ tazza di parmigiano
- 1 uovo
- Broccoli, Cavolfiori, Zucchine
- Spaghetti o altra pasta

a) Preparare la salsa: soffriggere l'aglio in olio d'oliva. Aggiungere la cipolla e continuare a soffriggere.

b) Aggiungi peperoni verdi, zucchine, melanzane e pomodori. Continua a cucinare; quindi aggiungere prezzemolo, sale e pepe, timo e brodo di pollo.

c) Aggiungere il burro fuso, il sale e il pepe e mettere da parte.

d) Fare delle palline e premere una verdura sbollentata al centro di ogni pallina.

e) Immergi le palline nell'uovo e poi nel pangrattato e friggi per 6-8 minuti fino a doratura.

PASTA E POLPETTE

27. Casseruola di spaghetti e polpette

Ingrediente

- 7 once   Pkg spaghetti crudi

- 1 tazza   acqua

- 28 once   Vaso per spaghetti al sugo

- 12 Polpette precotte surgelate

- 2 cucchiaiParmigiano grattugiato

- 2 cucchiaiPrezzemolo tritato finemente

a) Ungere una pirofila da 12 x 8 pollici (2 quarti). In un piatto unto, unire gli spaghetti, l'acqua e il sugo degli spaghetti; mescolare bene. Aggiungi le polpette.

b) Scalda il forno a 350 gradi. Cuocere, coperto, per 45 minuti.

c) Scoprire la teglia; cospargere di formaggio. Cuocere, scoperto, per altri 5-10 minuti o fino a quando la casseruola non è spumeggiante e il formaggio si è sciolto. Cospargere di prezzemolo.

28. Spaghetti con polpette vegetariane

Ingrediente

- 3 Cipolla

- ½ libbre Funghi - a fette

- 4 cucchiaiOlio d'oliva

- 1 lattina di pomodori

- 1 barattolo di concentrato di pomodoro

- 1 Gambo di sedano tritato

- 3 Carote, grattugiate

- 6 cucchiai Burro

- 3 Uova sbattute

- 1 tazza e $\frac{1}{2}$ di farina di matzo

- 2 tazze di piselli verdi cotti

- 1 cucchiaino di sale e $\frac{1}{4}$ di cucchiaino di pepe

- 1 libbra   Spaghetti, cotti

- Formaggio svizzero grattugiato

a) Cuocere le cipolle ei funghi a dadini nell'olio per 10 minuti. Aggiungere i pomodori, il concentrato di pomodoro e l'origano. Coprite e cuocete a fuoco basso 1 ora. Corretta stagionatura.

b) Cuocere le cipolle, il sedano e le carote tritate a metà del burro per 15 minuti. Freddo. Aggiungere le uova, 1 tazza di farina di matzo, i piselli, il sale e il pepe.

c) Arrotolare in piccole palline e immergerle nella farina di matzo rimanente.

29. Rigatoni e polpette al forno

Ingrediente

- 3½ tazza di Rigatoni

- 1 tazza di mozzarella, sminuzzata

- 3 cucchiai di parmigiano grattugiato fresco

- 1 libbra   Per le polpette si possono usare pollo o manzo di tacchino macinato magro

a) Polpette: Nella ciotola, sbattere leggermente l'uovo; unire cipolla, briciole, aglio, parmigiano, origano, sale e pepe. Mescolare il tacchino. Formare delle palline in cucchiai colmi.

b) In una padella grande, scaldare l'olio a fuoco medio-alto; cuocere le polpette, in lotti se necessario, per 8-10 minuti o fino a doratura su tutti i lati.

c) Aggiungere la cipolla, l'aglio, i funghi, il peperone verde, il basilico, lo zucchero, l'origano, il sale, il pepe e 2 cucchiai di acqua nella padella; cuocere a fuoco medio, mescolando di tanto in tanto, per circa 10 minuti o finché le verdure non si saranno ammorbidite. Mescolare i pomodori e il concentrato di pomodoro; portare a ebollizione. Aggiungi le polpette

d) Nel frattempo, in una pentola capiente di acqua bollente salata, cuocere i rigatoni e trasferirli in una pirofila da 11x7 pollici o in una casseruola da 8 tazze.

e) Cospargere uniformemente la mozzarella, quindi il parmigiano. Infornare

30. Penne al forno con polpette di tacchino

Ingrediente

- 1 libbra   Tacchino ruspante

- 1 spicchio d'aglio grande; tritato

- $\frac{3}{4}$ tazza Briciole di pane fresco

- $\frac{1}{2}$ tazza di cipolla tritata finemente

- 3 cucchiai di pinoli; tostato

- $\frac{1}{2}$ tazza di prezzemolo fresco tritato

- 1 uovo grande; battuto leggermente

- 1 cucchiaino di sale

- 1 cucchiaino di pepe nero

- 4 cucchiai di olio d'oliva

- 1 libbra   Penne

- 1½ tazza di mozzarella grattugiata grossolanamente

- 1 tazza di formaggio romano grattugiato fresco

- 6 tazze di salsa di pomodoro

- 1 contenitore; (15 oz) di ricotta

a) In una ciotola, mescolate bene il tacchino, l'aglio, il pangrattato, la cipolla, i pinoli, il prezzemolo, l'uovo, il sale e il pepe e formate delle polpette e cuocete.

b) Cuocere la pasta

c) In una piccola ciotola mescolate insieme la mozzarella e il romano. Versare circa 1 tazza e ½ di salsa di pomodoro e metà delle polpette nel piatto preparato e versarvi sopra metà della pasta.

d) Distribuire metà della salsa rimanente e metà del composto di formaggio sulla pasta. Completare con le polpette rimanenti e far cadere le cucchiaiate di ricotta sulle polpette. Cuocere le penne al centro del forno per 30-35 minuti.

31. Polpette e pasta picante con queso

Ingrediente

- 1 libbra   carne di manzo macinata

- 1 tazza di pangrattato fresco

- $\frac{3}{4}$ tazza di salsa Picante

- $\frac{1}{4}$ di tazza di cipolla - tritata

- 2 cucchiaiPrezzemolo - tritato

- 1   Uovo

- 1 cucchiaino di sale

- 2 cucchiaini di cumino macinato

- 15 once di salsa di pomodoro

- ½ libbre Velvetta, a cubetti

- 1 ½ cucchiaino di peperoncino in polvere

- 1 cucchiaino di coriandolo macinato

- 1 libbra Pasta per capelli d'angelo; cucinato

- ⅓ tazza di coriandolo fresco - tritato

a) Unire la carne di manzo, il pangrattato, ¼ di tazza di salsa picante, cipolla, prezzemolo, uovo, sale e ½ cucchiaino di cumino; mescolare bene.

b) Formare delle polpette da 1 ". Disporre le polpette su una teglia di gelatina da 15x10". Infornare a 350 ~ per 15 minuti. Scolare il grasso.

c) Unire la salsa di pomodoro, la restante ½ tazza di salsa picante, la velvetta, il peperoncino in polvere, il cumino rimanente e il coriandolo in una grande casseruola.

d) Cuocere a fuoco basso, mescolando spesso fino a quando il formaggio non si sarà sciolto. Aggiungi le polpette; cuocere a fuoco lento fino a quando non viene riscaldato. Cucchiaio sulla pasta; cospargere di coriandolo, se lo si desidera.

32. Polpette e maccheroni di scelta rapida

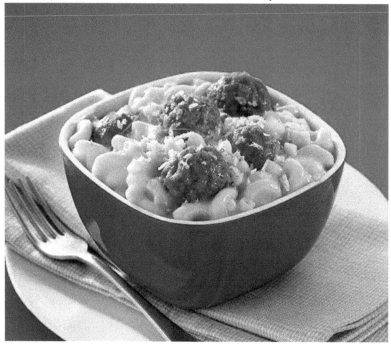

Ingrediente

- 1   Cipolla tagliata finemente

- 1 tazza   Sedano tagliato a dadini

- 2   Carote; tagliare come preferisci, fino a 3

- 2 cucchiaiPassata di pomodoro

- 3 tazze   acqua

- sale

- Pepe

- foglia d'alloro

- 2 cucchiaiOlio; fino a 3

- 1 libbra   Carne macinata; (il migliore è il tacchino)

- 1 fetta   Chala inzuppato; scolate e tritate

- 3 Uova

    α) Un pò di farina

    β) Sugo: in una pentola capiente scaldare l'olio,
    aggiungere la cipolla, il sedano, le carote, la passata
    di pomodoro, l'acqua e le spezie e cuocere a fuoco
    lento. Nel frattempo preparate le polpette.

    χ) Polpette: unire e formare circa 12-14 polpette.
    Arrotolare la farina e far cadere il sugo bollente.
    Cuocere per 40 minuti a fuoco lento. Assicurati di
    avere abbastanza liquidi, ti serviranno per i
    maccheroni.

    δ) Fai bollire 250-400 maccheroni corti per ⅔ del
    tempo consigliato. Cuocere per 20-30 fino a quando
    sono caldi

33. Polpette e salsa per spaghetti

Ingrediente

- tazza   - Polpette -

- $\frac{1}{4}$ cucchiaino   sale

- $\frac{1}{4}$ cucchiaino   Pepe nero macinato

- $\frac{1}{2}$ tazza   Parmigiano grattugiato

- 1 libbra   Carne Macinata Magra, o

- Pollo macinato, o

- Salsa Spaghetti Di Tacchino Macinata -

- 1 libbra   Carne macinata magra

- 1 cucchiaio   Olio d'oliva

- 2 cipolle tritate

- 4 Spicchi d'aglio schiacciati o

- 2 Aglio tritato

- 14 once   Può salsa di pomodoro

- $\frac{1}{2}$ tazza   Vino rosso (facoltativo)

- 1 Peperone verde dolce

- 1 cucchiaino   Basilico in foglia essiccato

- $\frac{1}{2}$ cucchiaino   Origano in foglia

a) Formare la carne in polpette da 1 pollice.
Aggiungere a cottura il sugo degli spaghetti.

b) Scaldare l'olio in una casseruola capiente a fuoco
medio. Aggiungere le cipolle e l'aglio. soffriggere
per 2 min. Aggiungi gli ingredienti rimanenti. Coprite
e portate a ebollizione, mescolando spesso.

c) Quindi, ridurre la fiamma e cuocere a fuoco lento,
mescolando spesso per almeno 15 min.

34. Polpette in salsa piccante

Ingrediente

- $\frac{3}{4}$ cucchiaio di amido di mais

- $\frac{1}{2}$ cucchiaino di zucchero

- $\frac{1}{8}$ cucchiaino di bicarbonato di sodio

- $\frac{1}{8}$ cucchiaino di pepe nero

- $\frac{1}{4}$ di cucchiaino di salsa di soia; basso contenuto di sodio

- 1 cucchiaio di vino bianco secco

- 1 $\frac{1}{2}$ cucchiaino di salsa di ostriche

- 2 cucchiai di cipolle tritate

- ½ libbre Petto Di Tacchino Macinato

- 2 cucchiai di pasta di peperoncino

- 2 cucchiai di salsa di ostriche

- 2 cucchiai di ketchup

- 4 once Tagliatelle Somen

- 2 Cipolle verdi; tritato

- 6 gocce di olio di sesamo

a) In una ciotola grande, mescolare la maizena, lo zucchero, il bicarbonato di sodio, il pepe nero, la salsa di soia, il vino, la salsa di ostriche, l'acqua fredda e la cipolla. Aggiungi il tacchino macinato.

b) In una piccola ciotola, mescola tutti gli ingredienti della salsa. Riscalda un wok antiaderente a fuoco alto per 30 secondi. Aggiungere gli ingredienti della salsa e portare a ebollizione. Abbassa la fiamma a una temperatura media e aggiungi le polpette. Coprite e cuocete per 3-4 minuti.

c) Nel frattempo, cuocere gli spaghetti Somen secondo le indicazioni sulla confezione. Scolateli e metteteli nella ciotola. Cospargere con olio di sesamo e semi di sesamo. Aggiungere le cipolle verdi e mescolare bene.

35. Polpette con spaghetti allo yogurt

Ingrediente

- 2 libbre   carne di manzo macinata

- Un pizzico di pepe di Caienna, curcuma, coriandolo e cannella

- Sale e pepe nero

- 2 Spicchi d'aglio

- 1 cucchiaio di olio vegetale

- 1 cipolla spagnola

- 6 grandi Pomodori maturi - nocciolo,

- 4 Pomodori essiccati al sole

- Tagliatelle

a) In una ciotola, unire la carne di manzo, la cannella, il coriandolo, la curcuma, il pepe di Caienna, il sale, il pepe e metà dell'aglio. Con le mani pulite, mescolare accuratamente, quindi modellare la carne in polpette da di pollice. Mettili da parte.

b) In una casseruola capiente scaldare l'olio, aggiungere la cipolla e aggiungere le polpette. Cuoceteli rigirandoli spesso.

c) Aggiungere i pomodorini e l'aglio rimanente. Aggiungere i pomodori secchi, il sale e il pepe e cuocere il composto per 5 minuti a fuoco basso, mescolando una o due volte.

d) Per le tagliatelle: portare a ebollizione una grande casseruola d'acqua. Aggiungere le tagliatelle e cuocere.

e) Incorpora lo yogurt, l'aglio e il sale. Mescola bene e trasferisci in 6 ciotole larghe.

36. Stracciatelle con le polpette

Ingrediente

- 1 quarto di gallone britannico   Brodo di pollo

- 2 tazze   acqua

- ½ tazza   Pastina

- 1 cucchiaino   Prezzemolo fresco tritato

- ½ libbre   Carne macinata magra

- 1   Uovo

- 2 cucchiaini   Pangrattato aromatizzato

- 1 cucchiaino   Formaggio grattugiato

- 1 Carota, tagliata a fettine sottili

- ½ libbre   Spinaci, solo la foglia

- Parte julienne

- 2 cucchiaini   Prezzemolo fresco tritato

- 1 piccolo Cipolla tritata

- 2 Uova

- Formaggio grattugiato

a) In una pentola, unisci gli ingredienti della zuppa e porta a ebollizione. Mescolare gli ingredienti della carne in una ciotola, tante piccole polpette e far cadere nel brodo bollente.

b) In una piccola ciotola, sbatti 2 uova. Con un cucchiaio di legno, mescola la zuppa mentre fai cadere lentamente le uova, mescolando continuamente. Togliere dal fuoco. Coprite e lasciate riposare per 2 minuti.

c) Servire con formaggio grattugiato.

37. Frittelle di mozzarella e spaghetti

Ingrediente

- 2 Spicchi d'aglio

- 1 piccolo Bunc prezzemolo fresco

- 3 Cipolle da insalata; affettato finemente

- 225 grammi di carne di maiale macinata magra

- 2 cucchiai di parmigiano grattugiato fresco

- 1 cucchiaio di olio d'oliva

- 150 grammi di spaghetti o tagliatelle

- 100 millilitri Brodo di manzo caldo

- 1   400 grammi possono pomodori tritati

- 1 pizzico di zucchero e 1 pizzico di salsa di soia

- Sale e pepe

- 1 uovo

- 1 cucchiaio di olio d'oliva

- 75 millilitri di latte

- 50 grammi di farina 00

- 150 grammi di mozzarella affumicata

- Olio di semi di girasole; per friggere

- 1 limone

a)   Schiacciare l'aglio e tritare finemente il prezzemolo. Mescolare insieme il trito, l'insalata di cipolle, l'aglio, il parmigiano, il prezzemolo e abbondante sale e pepe.

b)   Formare otto palline sode.

c)   Cuocere le polpette finché non sono ben dorate. Versare il brodo.

d)   Cuocere la pasta in una pentola capiente di acqua bollente salata.

38. Zuppa di polpette e ravioli

Ingrediente

- 1 cucchiaio di olio d'oliva o olio per insalata

- 1 cipolla grande; tritato

- 1 Spicchio d'aglio; tritato

- 28 once di pomodori in scatola; tritato

- $\frac{1}{4}$ di tazza di concentrato di pomodoro

- 13 $\frac{1}{2}$ once di brodo di manzo

- $\frac{1}{2}$ tazza di vino rosso secco

- Un pizzico di basilico essiccato, timo e origano

- 12 once Ravioli; ripieno di formaggio

- $\frac{1}{4}$ di tazza di prezzemolo; tritato

- Formaggio Parmigiano; grattugiato

- 1 uovo

- $\frac{1}{4}$ di tazza di pangrattato morbido

- $\frac{3}{4}$ cucchiaino di sale di cipolla

- 1 spicchio d'aglio; tritato

- 1 libbra   Carne macinata magra

a) Rosolare accuratamente le polpette in olio riscaldato.

b) Mescolare cipolla e aglio e cuocere per circa 5 minuti, facendo attenzione a non rompere le polpette. Aggiungere i pomodori e il loro liquido, il concentrato di pomodoro, il brodo, il vino, l'acqua, lo zucchero, il basilico, il timo e l'origano. Aggiungi i ravioli

39. Linguine alla rana pescatrice

Ingrediente

- 4 cucchiaiolio vergine d'oliva

- 1 media   Cipolla rossa; tritato

- 1 piccolo Zucchine; tagliare fiammiferi da 1/4 "

- 2 cucchiaiFoglie di timo fresco

- ½ libbre   Filetto di rana pescatrice fresco

- 1 tazza e mezza Salsa di pomodoro di base

- 1 tazza di vino bianco secco

- Sale; assaggiare

- Pepe nero appena macinato; assaggiare

- 8 once   Linguine

- $\frac{1}{4}$ di tazza di prezzemolo italiano tritato finemente

a) In una padella da 12 pollici, scalda l'olio a fuoco moderato. Aggiungere la cipolla, le zucchine e le foglie di timo e rosolare fino a quando non diventa marrone chiaro e molto morbido.

b) Tagliare la coda di rospo a cubetti da di pollice e condire con sale e pepe. Aggiungere la coda di rospo alla padella e mescolare fino a quando non è cotta e inizia a sbiancare (circa 1 minuto).

c) Aggiungere la salsa di pomodoro base e il vino bianco e portare a ebollizione. Abbassare la fiamma e cuocere a fuoco lento per 10 minuti. Immergere le linguine in acqua bollente e cuocere secondo le indicazioni sulla confezione :. Scolare la pasta nello scolapasta sul lavandino e condirla nella padella con la rana pescatrice. Aggiungere il prezzemolo e mescolare a fuoco medio fino a cottura ultimata. Versare nella ciotola calda e servire immediatamente.

POLPETTE VEGANE

40. Palline di tofu

Ingrediente

- 6 tazze d'acqua; bollente

- 5 tazze di tofu; sbriciolato

- 1 tazza di pangrattato integrale

- $\frac{1}{4}$ di tazza di Tamari

- $\frac{1}{4}$ di tazza di lievito alimentare

- $\frac{1}{4}$ di tazza di burro di arachidi

- Sostituto dell'uovo per 1 uovo

- $\frac{1}{2}$ tazza di cipolla; tritato

- 4 Spicchi d'aglio; premuto

- 1 cucchiaino di timo

- 1 cucchiaino di basilico

- $\frac{1}{4}$ di cucchiaino di semi di sedano

- $\frac{1}{4}$ cucchiaino di chiodi di garofano; terra

a) Metti tutto tranne 1 tazza di tofu sbriciolato nell'acqua bollente. Premi il tofu.

b) Aggiungere gli altri ingredienti al tofu pressato e mescolare bene.

c) Formare il composto in palline delle dimensioni di una noce e disporle su una teglia ben oliata.

d) Infornare a 350 gradi per 20-25 minuti o finché le palline non saranno sode e dorate. Girarli una volta durante la cottura se necessario.

41. Pasta monoporzione con polpette vegane

ingredienti

- 250 g di cimette di cavolfiore, cotte

- 200 g di spinaci tritati surgelati, scongelati

- 400 g di fagioli neri in latta, scolati

- 2 spicchi d'aglio, schiacciati o grattugiati

- 2 cucchiaini di salsa di soia

- 1 cucchiaino di erbe essiccate miste

- 150 g di avena

- salsa

Metodo

a) Cuocere le cimette di cavolfiore in una pentola di acqua bollente.

b) Grattugiare il cavolfiore in una ciotola, quindi aggiungere gli spinaci, i fagioli, l'aglio, la salsa di soia e le erbe miste. Lavorate il composto insieme allo schiacciapatate fino a formare una pasta grossolana.

c) Frullare l'avena in una polvere fine, quindi aggiungerla alla ciotola e mescolare per amalgamare. Arrotolare il composto in palline.

d) Friggere le polpette vegetali in lotti fino a doratura. Versare la salsa nella padella, quindi disporre sopra la pasta secca. Infornare

42. Polpette vegane al forno

ingredienti

- 1 cucchiaio di semi di lino macinati

- 1/4 tazza + 3 cucchiai di brodo vegetale

- 1 cipolla grande, sbucciata e tagliata in quarti

- 2 spicchi d'aglio sbucciati

- 12 once (0,75 libbre) / 340 grammi di carne
  vegetale Impossible Burger

- 1 tazza di pangrattato

- 1/2 tazza di parmigiano vegano

- 2 cucchiai di prezzemolo fresco, tritato finemente

- Sale e pepe a piacere

- Olio da cucina spray (se si cucina sul fornello)

Indicazioni:

α) Aggiungere la cipolla e l'aglio a un robot da cucina e frullare fino a ottenere una purea.

β) In una grande ciotola, aggiungi l'uovo di lino, 1/4 di tazza di brodo vegetale, cipolla e aglio frullati, carne di piante Impossible Burger, pangrattato, parmigiano vegano, prezzemolo e un pizzico di sale e pepe. Mescolare bene per unire.

χ) Formare la miscela di polpette vegane in 32 palline.

δ) Mettere le polpette vegane sulla teglia foderata e cuocere in forno per circa 10 minuti o fino a doratura.

43. Polpette Di Carne

ingredienti

- 1 cucchiaio di olio d'oliva
- 1 libbra di funghi bianchi freschi
- 1 pizzico di sale
- 1 cucchiaio di burro
- $\frac{1}{2}$ tazza di cipolla tritata finemente
- 4 spicchi d'aglio, tritati
- $\frac{1}{2}$ tazza di avena a cottura rapida
- 1 oncia di Parmigiano tritato molto finemente
- $\frac{1}{2}$ tazza di pangrattato
- $\frac{1}{4}$ di tazza di prezzemolo tritato (italiano)
- 2 uova, divise

- 1 cucchiaino di sale
- pepe nero appena macinato a piacere
- 1 pizzico di pepe di Caienna, oa piacere
- 1 pizzico di origano essiccato
- 3 tazze di salsa per la pasta
- 1 cucchiaio di Parmigiano tritato molto finemente
- 1 cucchiaio di prezzemolo tritato (italiano) oa piacere

Indicazioni

a) Scaldare l'olio d'oliva in una padella a fuoco medio-alto. Aggiungere i funghi all'olio caldo, cospargere di sale e cuocere e mescolare fino a quando il liquido dei funghi sarà evaporato.

b) Mescolare il burro nei funghi, abbassare la fiamma a media e cuocere e mescolare i funghi fino a doratura, circa 5 minuti

44. Polpette Vegetariane

ingredienti

- 1 tazza di lenticchie secche (o 2 1/2 tazze cotte)

- 1/4 tazza di olio d'oliva

- 1 cipolla piccola, circa 1 tazza tritata

- 8 once di funghi cremini

- 3 spicchi d'aglio, tritati

- 1 1/2 tazza di pangrattato Panko

- Un pizzico di condimento italiano e pepe di Caienna

- 2 1/2 cucchiaini di sale, diviso

- 2 uova

- 1 tazza di parmigiano

Metodo

a) In una grande ciotola mescola le metà del pomodoro insieme a 1 cucchiaino di condimento italiano, 1 cucchiaino di sale e 1/4 di tazza di olio d'oliva.

b) Frullare i funghi in un robot da cucina finché non hanno le dimensioni dei piselli.

c) Quando l'olio è caldo, aggiungere la cipolla e rosolare per circa 3 minuti, fino a quando non diventa trasparente. Aggiungere l'aglio e i funghi pulsati e rosolare.

d) In una grande ciotola unire la miscela di lenticchie ai funghi insieme al pangrattato e alle spezie. Formare palline e cuocere.

45. Polpette Di Origano Limone

ingredienti

- 1 cucchiaio di semi di lino macinati

- 1 cucchiaio di olio d'oliva, più una quantità extra

- 1 cipolla gialla piccola e 3 spicchi d'aglio

- Un pizzico di origano, cipolla in polvere, tamari

- $\frac{1}{2}$ cucchiaino di peperoncino macinato

- sale marino e pepe nero macinato, quanto basta

- 1 cucchiaio e mezzo di succo e scorza di limone

- 1 tazza di noci a metà

- $\frac{3}{4}$ tazza di fiocchi d'avena

- 1 $\frac{1}{2}$ tazza di fagioli bianchi cotti

- $\frac{1}{4}$ di tazza di prezzemolo fresco e $\frac{1}{4}$ di tazza di aneto fresco

Indicazioni:

a) In una piccola ciotola, unisci il lino macinato e l'acqua. Soffriggere le cipolle e aggiungere l'aglio e l'origano.

b) Aggiungere il lievito alimentare, il peperoncino, la cipolla in polvere, il sale e il pepe nella padella e mescolare per circa 30 secondi. Versare il loro succo di limone.

c) Pestare le noci, i fagioli e l'avena fino a ottenere un pasto grossolano. Aggiungere la miscela di gel di lino, cipolla saltata e miscela di aglio, tamari, scorza di limone, prezzemolo, aneto e grandi pizzichi di sale e pepe.

d) Arrotolarla in una palla e cuocere le polpette per 25 minuti.

46. Polpette Di Lenticchie

ingredienti

- 1 cipolla gialla tritata finemente

- 1 carota grande sbucciata e tagliata a cubetti

- 4 spicchi d'aglio tritati

- 2 tazze di lenticchie verdi cotte (circa 3/4 di tazza asciutte) o 2 tazze in scatola

- 2 cucchiai di concentrato di pomodoro

- 1 cucchiaino di origano

- 1 cucchiaino di basilico essiccato

- 1/4 tazza di lievito alimentare

- 1 cucchiaino di sale marino

- 1 tazza di semi di zucca

Indicazioni

a) Forma una palla

b) Infornare

47. Copione Ikea Veggie Balls

ingredienti

- 1 lattina di ceci (in scatola) 400 g / 14 oz

- 1 tazza di spinaci surgelati

- 3 carote (medie)

- $\frac{1}{2}$ peperone

- $\frac{1}{2}$ tazza di mais dolce (in scatola)

- 1 tazza di piselli (freschi, congelati o in scatola)

- 1 cipolla (media)

- 3 spicchi d'aglio

- 1 tazza di farina d'avena iniziare con ½ tazza e regolare in base al contenuto di umidità della miscela

- 1 cucchiaio di olio d'oliva

- stagionatura

Indicazioni:

a) Aggiungere tutte le verdure a un robot da cucina e frullare fino a quando non sono tritate finemente. Cucinare.

b) Aggiungere ora gli spinaci surgelati, ma scongelati o freschi, la salvia essiccata e il prezzemolo essiccato. Mescolare e cuocere per 1-2 minuti.

c) Aggiungere i ceci in scatola e i legumi fino a quando non saranno amalgamati.

d) Per fare le polpette alveggie, raccogli una pallina come un gelato e poi finisci di formarla con le mani.

e) Posizionare le palline su una carta forno o una teglia da forno. Cuocili per 20 minuti finché non avranno una crosta croccante.

48. Polpette Di Quinoa

INGREDIENTI

- 2 tazze di quinoa cotta

- ¼ di tazza di parmigiano grattugiato

- ¼ di tazza di formaggio Asiago, grattugiato

- ¼ tazza di basilico fresco, tritato

- 2 cucchiai di coriandolo fresco, tritato

- 1 cucchiaino di origano fresco, tritato

- $\frac{1}{2}$ cucchiaino di timo fresco

- 3 spicchi d'aglio piccoli, tritati finemente

- 1 uovo grande

- 2 pizzichi grandi di sale kosher

- $\frac{1}{2}$ cucchiaino di pepe nero

- $\frac{1}{4}$ di tazza di pangrattato condito italiano

- 1 pizzico a $\frac{1}{4}$ di cucchiaino di fiocchi di peperoncino tritato

Indicazioni:

a) Mescola tutti gli ingredienti in una ciotola capiente. Versare un filo d'olio d'oliva nella padella preriscaldata.

b) Formare una polpetta un po 'più piccola di una pallina da golf e posizionare la polpetta nella padella iniziando dal centro. .

c) Cuocere in padella o trasferire su una teglia da forno bordata e cuocere in forno preriscaldato per 25 minuti.

49. Polpette Di Ceci Piccanti

ingredienti

- 1 cucchiaio di farina di semi di lino (semi di lino macinati)

- 14 once possono ceci, scolati e sciacquati

- 1 tazza e mezzo di farro cotto

- 1/4 tazza di avena vecchio stile

- 2 spicchi d'aglio, pressati

- 1 cucchiaino di radice di zenzero finemente grattugiata

- 1/2 cucchiaino di sale

- 1 cucchiaio di olio di sesamo caldo del Cile

- 1 cucchiaio di sriracha

Indicazioni:

a) Preriscalda il forno a 400 gradi Fahrenheit. Foderare una teglia con un foglio di alluminio e impostare l'aiutante.

b) Unire la farina di semi di lino con 3 cucchiai d'acqua; mescolate e lasciate riposare per 5 minuti.

c) Metti i ceci, il farro, l'avena, l'aglio, lo zenzero, il sale, l'olio di sesamo e la sriracha nella ciotola di un grande robot da cucina o frullatore. Versare il composto di lino riposato ("uovo di lino") e frullare fino a quando gli ingredienti si sono appena amalgamati.

d) Arrotolare il composto in palline da un cucchiaio e infornare.

50. Polpette vegane ai funghi

ingredienti

- 1 cucchiaio di semi di lino macinati
- 3 cucchiai d'acqua
- 4 once di fungo baby bella
- ½ tazza di cipolla a dadini
- 1 cucchiaio di olio d'oliva diviso
- ¼ di cucchiaino di sale
- 1 cucchiaio di salsa di soia
- 1 cucchiaio di condimento italiano
- 1 lattina (15 once) di ceci scolati
- 1 tazza di pangrattato normale

- 1 cucchiaio di lievito alimentare
- 1 cucchiaino di salsa Worcestershire

Indicazioni:

a) Tritate grossolanamente i funghi e tagliate a dadini la cipolla.

b) In una padella media, scalda 1 cucchiaio di olio d'oliva a fuoco medio-alto. Una volta caldo, aggiungere i funghi e la cipolla e spolverare con $\frac{1}{4}$ di cucchiaino di sale. Soffriggi per 5 minuti o finché i funghi non si saranno ammorbiditi.

c) Aggiungere la salsa di soia e il condimento italiano e cuocere ancora per un minuto.

d) Unisci i ceci, l'uovo di lino, il pangrattato, il lievito alimentare, la salsa Worcestershire e la cipolla e i funghi saltati in un robot da cucina con una lama standard. Impulso fino a quando per lo più si rompe Alcuni pezzettini di ceci o funghi dovrebbero ancora esistere.

e) Usa le mani pulite per rotolare la miscela di polpette in 12 palline di circa ping pong.

f) Cuocere per 30 minuti in un forno a 350 gradi.

CONCLUSIONE

La maggior parte di noi associa le polpette ai classici della cucina italo-americana: salsa marinara stufata che ricopre le palline profumate all'origano, impilate sugli spaghetti. Ma le polpette si ritrovano anche nella cucina di altre culture, dal Medio Oriente al Sud-est asiatico. Dopotutto, una polpetta spesso fa uso di tagli di carne meno desiderabili, quelli che necessitano di tagli fini e una miriade di componenti aggiuntivi per essere gustati adeguatamente, e così i cuochi di tutto il mondo hanno capito che sono un modo ideale per utilizzare pezzi extra di duro , spalla di maiale grassa.

Qualunque sia il sapore che stai attualmente desiderando può probabilmente essere adattato alla formula di carne, pane, uova e sale. In effetti, non hai nemmeno bisogno della carne per una polpetta. Abbiamo una palla vegetariana di cui siamo davvero orgogliosi!

Lightning Source UK Ltd.
Milton Keynes UK
UKHW020801230621
386011UK00006B/37

9 781802 886641